**Ne vous attachez pas aux mots,**

**Ne voyez pas l'image,**

**Sentez-la !**

\*\*\*\*\*\*\*

Laissez-vous surprendre.

BONNE LECTURE, …

… et BONNE INSPIRATION !

# L'OEUVRE POÉTIQUE par
## Victor VARJAC

..................... *"Entre l'aube et la chute"*...................

Le poète, bien plus que tous les autres, perçoit l'indicible de la vie, sur l'aile de ce temps, qui le traverse.

A la proue du navire de l'existence, il distingue, le premier, ce que l'avenir nous prépare, et le premier, il affrontera et souvent subira les changements annoncés, sans jamais s'y soustraire.

Dans ses recueils, l'Éclaireur semble marquer une pause ; une respiration.

C'est en "spectateur actif" qu'il va offrir au lecteur un véritable panorama des jours.

Après avoir "décodé" le message, ou le piège, le poète restitue la substance et la confie aux hommes qui passent.

Mais qui s'arrête, qui écoute celui qui voit, celui qui sait ? Personne, ... ou presque.

L'histoire nous enseigne que de nombreux poètes furent les vigies placées au sommet de la scène où allait se dérouler la pièce tragique du monde.

Prophète des jours et vagabond des mots, l'Éclaireur souligne les dangers et les fissures dont notre société est si friande : le chômage, le crédit, les huissiers, la chute infernale où l'Avoir dévore l'Être ...

Sous le joug quotidien de la misère banalisée, le bon peuple "d'en bas" ne peut que serrer les dents.

Subir en silence semble la loi à laquelle se soumet la multitude.

Les anonymes, les sans grade, ceux qui ne font pas d'ombre sur le sol, disparaissent sans un cri, avec cette élégance que les bourreaux appellent "savoir vivre".

Mais ici, nous ne parlons, hélas, que de la mort.

Or le poète sait, car le poète ressent jusqu'au fond de sa vie, la blessure mortelle et la chute effroyable du corps qu'on s'empresse de recouvrir d'un linceul de poussière, où l'oubli ne tarde pas à bailler.

L'auteur ose, dénonce et avertit les hommes des guets-apens, des tortures.

Mais comment s'évader d'une prison qui ne possède pas de murs ?

Et si la solitude était pluriel ?


Si le délaissé était plusieurs ?

Sans doute est-il des millions ...

Alors une aube nouvelle, avec toutes ses mains, déchirerait le voile noir de la haute finance ...

La rentabilité n'aurait plus sa ration journalière de sueur, de larmes et de sang ... elle tomberait d'elle-même, et la joie des hommes enchaînés planterait la lance de la vie dans les entrailles du capital assassin.

L'amour pourrait enfin s'exprimer.

L'avenir ferait un soleil aux lèvres des enfants.

Les rires et la lumière viendraient enfin s'asseoir sur le devenir de nos âmes.

**L'Éclaireur nous emporte au-delà de ces murs que l'on croyait infranchissables.**

# Section 1

# Essais sur de l'Amour

**TABLE DES TEXTES**        **Page**

..., aimer n'est pas Aimer, ...

| | |
|---|---|
| Un matin, ..., quelque part | 15 |
| Vous ne m'avez pas oubliée | 16 |
| Sur une amitié ? | 18 |
| Quelques clefs | 20 |
| Un de plus ? | 22 |
| Merci | 24 |
| Repères | 26 |
| Faux détails, essentiels | 28 |
| A sa muse | 30 |
| Particulier | 32 |
| Si loin de leurs idées | 34 |
| Echanges essentiels | 36 |
| Interminable aurore | 38 |
| Si précieuse aura (première partie) | 39 |

**Si précieuse aura (deuxième partie) : si précieuse présence**     **41**

**Si précieuse aura (troisième partie) : précieux interdits**     **43**

**Mie (première partie)**     **46**

**Mie (deuxième partie)**     **48**

**Ailleurs, en nous**     **49**

**…, Aimer !**

# Section 2

## Textes naïfs

# L'Amour est la Vie

**TABLE DES TEXTES**           **Page**

### L'AMOUR ET LA VIE

**Bonjour !**      **53**

**Accueille-moi …**      **54**

**Elle est temps de montagne**      **55**

**C'est juste autour de nous**      **56**

**En toute modestie**      **58**

**Amour**      **59**

**A toi qui n'est pas là**      **60**

**Me pardonnerais-tu ?**      **62**

**Au café de la gare**      **64**

**Il ne manque que toi**      **65**

**Quelques minutes**      **67**

**La maison du mystère**      **69**

Les vautours 70

Les dernières effluves 71

Ce jour béni 72

Moment d'amour 73

Le bonheur n'est pas loin 74

Pascal, mon loupiot 76

Si tu savais combien de fois 77

Quelque chose est cassé 78

Sur la séparation 80

Le naufrage 82

Et c'est toujours pareil 83

Demain ? 85

# Fresque des Temps Modernes

## Tome 4

Est le quatrième d'une collection, toujours en cours d'écriture, dont de nouveaux volumes sont déjà achevés et paraîtront prochainement.

Ce tome comporte deux sections correspondant à deux périodes d'écriture bien distinctes.

La section 1 présente un journal d'essais d'écriture originale et académique à la fois sur un thème unique :
« ESSAIS SUR DE L'AMOUR »

La section 2 rassemble des textes bien plus naïfs
« L'AMOUR ET LA VIE ».

# Section 1

# ESSAIS SUR DE L'AMOUR

**…, Aimer n'est pas aimer, …**

# UN MATIN, ..., QUELQUE PART

Le soleil apparaît, sa clarté m'envahit
Quand les brumes s'élèvent, derrière la mosquée.

Là, sont des cris d'enfants, et comme des fourmis
A l'heure du travail, tous vont d'un pas pressé.

La ville n'est qu'un cœur qui bat toujours plus fort,
Plein d'amour, plein de joies, de soucis, de chagrins.

Le basané me dit, dès que je suis dehors :
« Tu crois que c'est pareil, à Paris, le matin ? »

# VOUS NE M'AVEZ PAS OUBLIÉE

Qu'importent les étapes,
Quand on peut revenir
Où domine toujours
L'impression du retard,

Où l'on oublie, presto,
Dès le premier sourire,
Tout ce qui s'est passé
Depuis notre départ.

Emue, touchée, l'accueil
Qui me fut réservé
Ici, dans la maison
Qui me voit de passage

M'a fait si chaud au cœur
Que, l'émotion passée,
J'en reste très touchée,
Et même davantage.

Merci pour cette étape,
Où la chaleur entame
L'âcre monotonie
Des jours qui se ressemblent,


Pour l'âme de ce fief
Dont vous êtes la flamme,
Et pour ces amitiés
Que l'équipe rassemble.

# SUR UNE AMITIÉ ?

Poésie subjective, puissance d'expression,
Pouvoir de précision à nul autre pareil,
Peut-être, quelque part, est-ce aussi la façon
D'être un peu moins absent qu'il ne fut au réveil.


Ce matin est étrange, le merveilleux fait place
A cette solitude où il reste surpris
Du ressentir nouveau qui se tient bien en face,
Qui sans cesse travaille, et se rappelle à lui.


Sacrée dernière image, tu ne le quittes pas,
Toujours inachevée, chaque fois retenue,
Dont on n'ose parler au nom d'on ne sait quoi,
De ce voile qui danse, et tout juste entrevu.


Il lui semblerait bon, car ils cherchent la clef,
D'évoquer les limites, dire le respectable,
Pour se sentir si bien que d'être libérés
De ce frêle équilibre, pour un état plus stable.

Tout doit prendre sa place, car le fait est bien là.
Près des réalités, sauraient-ils cultiver
La richesse et l'absence, pour vivre en plein l'émoi
Que la situation ne peut que sublimer ?


S'il perdait la raison face à la pureté,
Ou s'il était l'objet d'une fascination,
Ne fermant nulle porte, saurait-on, sans blesser,
Le lui faire savoir sans briser l'émotion ?


Mais du meilleur des cas ne naîtra que du bon
Et les espoirs, toujours, se tournent du côté
Qu'observe le poète avec circonspection,
D'où viennent les lueurs de fragile beauté.

# QUELQUES CLEFS

Le hasard t'a mis là. Serait-il responsable ?

De longtemps renversée, fatiguée, épuisée,
Les images à l'envers viennent brûler ses yeux.

La tortue sur le dos sait qu'il n'y a pas d'issue.


Prisonnier d'impossible et si fort à la fois,
Ne plus savoir comment on pourrait s'en sortir
Quand de faire pour rien, et surtout pour personne,
Reste sans doute ce qu'il y a de plus grave.


Illuminant le ciel, tout ce qui fut éteint,
Noyé des aléas qu'on ne maîtrise pas,
La présence d'esprit qu'on peut n'avoir pas eue,
S'éclaire à son approche, embrase la mémoire.


Attentif, le désir s'accroche à peu de choses,
Mais quand ne reste rien, elles sont capitales.
Puis il y a l'image, si fausse et si logique,
Ce qui semble et qui nie le ressentir profond.

Alors, peur de la perdre, besoin de lui parler,
Antagonie, toujours, que gère l'ignorance.
Elle est le cœur qui bat, véhicule l'Essence,
Redonne l'impulsion du rire et de la joie.


Indicible souhait, juste avant de glisser,
De pouvoir rendre hommage et la remercier
De sa présence quand, à chaque apparition,
C'est le jour qui se lève, le soleil qui sourit.

# UN DE PLUS ?

Joyeux anniversaire, mes vœux les plus sincères,
Et toutes ces bêtises, appelées bons usages.


Enfin un an de plus !
Ça ne réjouit guère
Ceux qui ne savent pas que c'est un avantage.


Ce temps n'existe pas. Vieillir est ineptie.
L'esprit se régénère, toujours plus clair, plus frais
Pour qui sait cultiver, après avoir compris
Que jeunesse mature, vient avec les années.


Certes, tant s'apitoient des traces qui ne sont
Qu'axe d'évolution et support de sagesse.
Puis il faut bien donner aux jeunes l'occasion
D'haranguer sur ce qu'ils croient signal de détresse.

Fi des à priori, clin d'œil à la beauté
Sur qui le poids des ans tend à faire merveille ;

Mais si on te dit belle, ne va pas t'offusquer,
Cela ne voudra point dire que tu es si vieille.


Enfin, quoiqu'il en soit, c'est de trop l'écouter
Qui le rend redoutable, efficace animal,

Oui, de trop l'écouter, mais j'ai beau me pencher, …

Que dit-il ? … Que dis-tu ? … je vous entends si mal …

# MERCI

Merci, quoiqu'il advienne, merci pour la raison,
La force et la manière, pour être libéré
De l'incessant retour d'inutiles questions,
Voir d'où l'on ne doit plus se sentir concerné.


Ni cadeau, ni hasard, l'amour est une chance,
Qui, partagé grandit, qui, cultivé dépasse
Ce qu'on peut concevoir, mais de tristes errances,
Savent le dépérir jusqu'à ce qu'il trépasse.


Chaque fait, isolé, semblait simple à gérer.

Par la complexité de ce qui s'imposait,
Tant de choses qu'il fut facile d'éviter
Ont subi, aveuglées, trop d'immédiateté.


L'immanquable sortie vient de se dessiner,
Mais tu crois aux miracles, et ça le tente aussi,
Quoiqu'un nouveau regard sur ce qui s'est passé
Lui demanderait de refuser le défi.

Il se tourne seul face au désir de partage,
Alors que, par bonheur, s'entrouvre l'horizon.
Après les discussions, difficile passage,
Besoin de ce contact, et besoin d'affection.


Merci pour le repère, merci de rassurer,
Savoir que les valeurs ne s'échappent pas toutes,
Quand ces doutes, insidieux, toujours plus, s'installaient,
Venaient anéantir ce qui montrait la route.


Merci d'avoir montré que ça reste possible,
Merci de l'amitié que gêne la souffrance,
Et d'avoir remué des choses bien pénibles
Qui vont peut-être, enfin, donner la délivrance.

# REPÈRES

Retenu, nécessaire, et plus évanescent
Que la brume, que le souffle, ou que l'air respiré,
Aussi vrai qu'incertain, nous échappe souvent
L'essentiel des liens qui ne sont que liberté.


Alors, sans référence et face à ce dilemme
Où il apporte tant, où l'on aime donner,
Où face à ce qui nous étonne et nous entraîne,
Franchir et retenir cisaillent la pensée.


Il n'y a pas de limite, lorsque vouloir sortir
De ce qui semble un jeu n'est pas la solution,
On ne souffre que de trop vouloir définir
Ce qui nous tient au cœur, pour trouver des raisons.


Alors que tout est là, le fait est la réponse,
L'équilibre distant du besoin, de l'accord,
Du désir de partage, et sans effet d'annonce,
Respect dans l'harmonie d'un fragile trésor.

Impossible pensée que « très bien avec d'autres »
Face au besoin que rien ne pourrait remplacer,
Face à l'intensité de ce, qu'en simple apôtre,
Ce tendre sentiment ne cesse de donner.

# FAUX DÉTAILS, ESSENTIELS

Dépassé, c'est stupide, par une perspective,
Par le mal et la peur, ressentis ; dépassé
Par la portée des mots se faisant invectives
Involontaires envers son bien meilleur allié.


En amende honorable, il demande pardon,
Et merci d'avoir su lui dire sans blesser.
Il est clair que cela servira de leçon,
Que de telles erreurs ne reviendront jamais.


Ce sont ces petits riens, tout autant ignorés
Qu'ils lui sont importants, anodines attentions,
Ce regard, ce sourire, un signe partagé,
Forts, si loin desquels tant ne voient plus la Raison.


Merci fut déjà dit, mais trop souvent le sens
Sonne bien loin des mots que l'on a prononcés
Quand sentir, percevoir, sont seules références
Qui permettent au vécu de rester près du vrai.

Dans l'émoi provoqué par son triste faux-pas,
Il lui a semblé voir un gage d'amitié,
Particulier, sincère, et qui enrichira
L'impalpable lien dont il voudrait s'assurer.

# A SA MUSE

Les mots parlent, il écrit, capture l'essentiel,
En restitue l'esprit comme fruit de sa chair ;
Mais malgré la douleur d'un carcan matériel,
Elle est pure merveille, aussi riche que claire.


Alors, gammes sur gammes, les mots viennent s'inscrire,
Le Poète modèle, et l'angle s'arrondit
De l'accord vers l'arpège. Bien plus loin que décrire,
Le verbe se ressent, la pensée se polit.


Sans virtuosité, on retrouve toujours
La plus belle expression dans la simplicité.
Point d'orgue sur sa Muse, une bouffée d'Amour,
Un regard sur l'Ailleurs, savent le relancer.


Surprise, inattendu, quand l'improvisation
Vient à libérer l'âme, quand vous ne lisez plus,
Quand tout semble jaillir de vous, de la profonde
Harmonie qu'il subit comme un cadeau de plus.

Peu importe de qui émane le support,
Près d'Elle l'Auteur n'est que celui qui façonne ;
Et s'il a su transmettre un peu de ce trésor,
Il ne rend presque rien de tout ce qu'Elle donne.

# PARTICULIER

Irremplaçable crainte, besoin d'être compris ;
Magnétisme, tension, lorsque l'esprit frissonne
Des risques pris face à cette chance subie,
Au formidable enjeu de sa seule personne.


Le manque et le désir, la peur et l'affection,
Se complètent si bien, s'enrichissent d'autant,
Sourient du désarroi lorsque nous endurons
La chaleur et le froid, le si riche et l'absent.


Puissante renaissance, spontanée chaque fois
Que son soleil revient, toujours régénérée
De la moindre attention, relancée par l'émoi
De ressentir tant de ce qu'on crut oublier.


Lorsqu'en disent si long chaque mot, chaque fait,
Sur le jeu des regards, et dans la confiance,
Vient à s'épanouir, fort du plus grand respect,
Un partage affectif qui rit des apparences.

Aussi particulier que ceux qui l'entretiennent
Et ne veulent le voir un jour s'évanouir,
Quelques rayons depuis ce souffle tiède viennent
Éclairer chaque jour d'un peu plus de plaisir.

# SI LOIN DE LEURS IDÉES

Tant, si souvent si près, frôlait l'inaccessible
Et laissait un parfum qu'on ne peut oublier,
Mélange de regrets, d'espoir et d'impossible
Désir de toujours croire en des rêves pillés.

Peut-être que si peu put briser l'innocence,
Distante intimité, source de tant de vie
Qui sait régénérer, par sa seule présence,
Redonner à l'instant le plaisir et l'envie.

Si fragile équilibre, et si grande affection
Où tout semble n'avoir d'« être » que virtuel,
Où l'anodin retient seul toute l'attention
D'un mélange à la fois magique et bien réel.

Qu'importe le paraître, aux yeux de l'alentour,
Quand l'Essentiel ne tient en rien de leurs idées,
Pour qui peut dire « Aimer » sans détour, sans retour
Ni besoin d'un Accord qui vient pour couronner.

Si proche, elle est si loin, l'idéale harmonie,
Mais la raison revient effleurer l'éphémère,
Les senteurs se refusent à quitter l'infini
Dont l'Essence se tient bien loin des heures amères.

## ÉCHANGES ESSENTIELS

Qui, de prendre ou donner, autour de recevoir
Dira ce qu'il en est ? Le partage est vécu,
Chacun de son côté pourra-t-il percevoir
Toute la dimension de ce qu'il a reçu ?


Quand ça ne peut durer c'est que doit arriver
Ce qui ouvre les portes. Alors nul n'a le choix
Face à ce que la vie vient à lui confier,
Lourde charge subtile, et légère à la fois.


Dans cet étrange échange, sont de nouveaux parfums,
Différentes valeurs, autres impacts et portées,
Quelque chose indicible, et bien loin du commun,
Qui inquiète et rassure, qu'on aime cultiver.


Mais quel remue-ménage, et quelle agitation.
Ces troubles salvateurs viennent tout bousculer,
On se prend à douter, cherchant la solution
Pour réorganiser les ordres de pensée.

Si l'on ne peut guérir tout ce qu'on a souffert
Ni le rendre accessible, de concevoir les faits
Les rend plus abordables. Comprendre le désert
Peut dire l'oasis où se régénérer.


Au fond de ce chaos, qu'on ne peut plus humain,
Dans le regard de l'autre un soupçon merveilleux
Intime à protéger l'indispensable lien
Dont on sait, à présent combien il est précieux.

# INTERMINABLE AURORE

La Muse se tarit, le soleil disparaît,
La lumière faiblit. Subsiste dans le noir
La clarté de ne pas être absent où renaît
Cet immense avantage, l'inépuisable espoir.


Il semble s'évincer, tu sais qu'il n'en est rien.
Insaisissable souffle, qui devant l'ineffable
De tout ce qu'il apporte, ce qui fait tant de bien
Par bien trop de pouvoir, persiste, indispensable.


Imprévisible Muse, on se laisse penser
Que peut-être demain …

                  Tu restes l'Essentiel,
Car tu donnes à la vie ce que nul ne saurait
Remplacer, la raison, la passion, et le miel.

# SI PRÉCIEUSE AURA

## *PREMIÈRE PARTIE*

Nul ne peut décider lorsque le fait est là,
Que le manque remplit chaque nouvelle absence,
Qu'il prend toute la place, que s'impose sans choix,
Chaque jour un peu plus, l'ascendante présence.


Fenêtre à double sens, ouverte sur l'ailleurs,
Sur deux mondes à la fois différents, partenaires ;
Naturelle beauté dans la simple rigueur
Où l'autre est le pourquoi, la dernière barrière.


Cultiver l'impossible, non-sens indispensable,
L'inaccessible but. Sa seule conception
Le justifie tant par l'importance ineffable
De ce qu'il donne que le respect des raisons.


C'est alors du plaisir, un voile de douceur
Qui vient à s'étaler sur les affres du jour,
Revêtir le désert quotidien des couleurs
Que prennent à chaque fois ces passages trop courts.

Tout peut-il être dit sans risquer d'altérer
Le fragile équilibre, pourtant fondamental,
Où tout est mieux compris qu'on ne peut l'exprimer,
Plus fort et plus réel, plus sincère et vital ?

# SI PRÉCIEUSE AURA

## *DEUXIÈME PARTIE*

## *SI PRÉCIEUSE PRÉSENCE*

Sous-jacente présence, qui partout resurgit.
Elle est bien de ces maux que l'on chérit parfois,
De ces elfes sans nom qui ont tout envahi,
Rappellent les valeurs et nous tendent les bras.


Elle le tient debout, lui donne des raisons,
Mais des regrets aussi. Interdite et Majeure,
Elle vient bousculer la remise en question
D'une réalité née de bien des erreurs.


Discrète mais présente, juste assez, toujours là.
Il tient du bout des ongles à ces aspérités,
A ce merveilleux qui, peut-être l'aidera
A s'extraire assez tôt pour ne pas se noyer.


Naïf, et innocent, est-ce sans crier gare
Que vient le fondement du désir, de l'envie ?
C'est bien trop à donner pour qui peut recevoir,
Et tant compter sur qui vient tant compter pour lui.

Par ce naturel que rien ne semble troubler,
Les quelques attentions qui réveillent la vie
S'inscrivent sans remous dans la sérénité,
La douce transparence, qui a tout embelli.


Alors ces mots limitent, ces mots trop incomplets,
Bien qu'ils l'osent à peine, parleraient du besoin,
Diraient l'inexprimable, avant de regretter,
Ce que seul l'aparté supporte sans témoin.

# SI PRÉCIEUSE AURA

## *TROISIÈME PARTIE*

## *PRÉCIEUX INTERDITS*

Envers qui clame aimer qu'on lui parle concret,
Le verbe libéré dirait l'Indispensable
Qui permet, chaque jour, à tous de se lever,
A chacun de tenir, niant l'irréprochable.


Sans tenter d'expliquer qu'il n'est rien d'incongru,
Soulignant que la moindre attention n'a de prix,
Soulignant le respect, si total qu'absolu,
La plume se fait reine, le Poète subit.


Mais face aux dérapages, que l'on ne peut prévoir,
Revient la crainte de ne savoir épargner
Ce qui fait un joyau, polissure d'ivoire,
Finesse du cristal, grande simplicité.


Moment tant attendu pour poser les mots vrais,
Pour parler de fraîcheur, de douceur, de tendresse.
A qui saurait l'entendre, seule l'image sait
Dire la sensation, Capitale, et Maîtresse.

Ne pouvoir les quitter, assumer ces moments
Où s'impose le fait, puis parler du désir
De serrer dans ses bras l'objet de ces tourments,
Et sans hypocrisie, évoquer le plaisir.


Quoiqu'imprécis qu'ils soient, les mots doivent sortir
Afin de libérer la pensée de leur poids.
Seront-ils entendus pour ce qu'ils veulent dire
Quand rien ne leur permet de refléter l'émoi ?


Alors, sans empiéter sur ce qu'il ne faudrait,
Désirer dire aimer, à qui c'est interdit,
Freiner la plume par peur d'être interprété
Pour qu'un tendre discours laisse l'auteur meurtri ;


Exprimer l'impensable, voir le formaliser
Serait-il acceptable ? Libérer l'expression ?,
Mais même à travers des images qui saurait
Extraire la substance, frôler les sensations ?

Amour particulier, non-dits du bout des yeux,
Evitant les écueils, légitime respect
De ce qui ne se dit. En réponse à ses vœux
L'impasse reste ouverte, et le Poète sait.

# MIE

## *PREMIÈRE PARTIE*

On prononce le « e », comme un tendre hiatus.
Affectif et si proche, dit comme dans famille,
C'est un suffixe bref qui lui donne ce plus.
On ne dit pas «ma mi », on prononce ma mi-« e ».

Elle vient souligner une façon d'aimer.
Elle est le cœur du pain, du fournil la tiédeur,
Qualifie ce dont on ne pourrait se passer,
Qui tient autant de l'âme, de l'esprit, que du cœur.

Si indéfinissable, entre l'aube et le soir,
Masculin, féminin, elle sied aussi bien
Aux enfants, aux adultes, aux amours, aux espoirs,
Qu'à tant de sentiments que le verbe restreint.

C'est toujours une chance, et pour parler de toutes
Il suffit d'évoquer celle qui vous est chère.
La claire et tendre Mie, qui vient croiser ta route,
Est un rare cadeau, précieux, fait de lumière.

Si ce doux petit mot vient te qualifier,
N'y vois donc que du bon, car tu sauras d'alors
Que qui te salue tient à bien marquer ce trait,
Unique, auquel le temps ne saurait donner tort.


Mot commun, mot précieux, en gage d'affection
Que rien ne sait décrire, à l'image du souffle
Que l'on voudrait transmettre, comme l'intonation
Que ressent le Poète appelé Pintamoufle.

# MIE

## *DEUXIÈME PARTIE*

On prononce le « e », mais derrière ma Mie
Se trouvent d'autres sens ; car le bien naît souvent
De ses contradictions. Le joyau qui scintille
Tient des ambiguïtés de nobles sentiments.


On croit la retenir, capturer l'intérêt,
Mais fi des impressions, tout semble insaisissable.
Si distante et si proche, cette légèreté
Donne un peu d'amertume aux moments agréables.


Impressions mitigées d'un mélange troublant,
Fait autant d'intérêt que de détachement

## AILLEURS, EN NOUS

Loin des yeux, loin du corps, de ce qui éblouit,
De ce qui vient masquer l'Essentiel, le vécu,
Ce qui, des uns aux autres, est le vrai lien de Vie
Passe bien trop souvent bien trop inaperçu.


Pour qui a le bonheur d'en être le témoin,
D'en prendre la mesure, force est de constater
Que, face à l'exhaustif, dans les moindres recoins
De cette dimension,

Aimer n'est pas aimer.

…, Aimer !


## FIN

**(juste par convenance)**

# Section 2

## Textes naïfs

# L'AMOUR ET LA VIE

# BONJOUR !

Ding-dong !

et voilà

l'inattendu passant
qui peut changer le cours,

les berges aléatoires
des souvenirs troublants,

la vie de chaque jour.

# ACCEUILLE-MOI...

... Tu recevras des images,

et non des mots après des mots !

Des mots comme des mirages,

Des images, ..., mieux que des mots !

**Elle est temps de montagne,**

Imprévisible ciel,

La tempête en Bretagne
Au plus beau des soleils.

Avalanche de brumes,
De neige et de brouillard ;

C'est l'odeur qui parfume
Les sous-bois du hasard ;

Et de ciel clair en ciel
Des moussons de l'été,

Son fluide arc-en-ciel
Est notre destinée.

# C'EST JUSTE AUTOUR DE NOUS

Tout n'est que vibrations, simple électricité.

Tous les mots, tous les sons, les regards, les désirs,
Tout ne dépend que de la réceptivité.

Face à cette beauté, aux espoirs, aux soupirs
Il n'est que l'harmonie qui permet le bonheur ;

Autrement dit l'Esprit, la Grande Communion
Avec tout ce qui Est, sans préjugé, sans peur,
Quand ce travail sur soi n'est que Vie et Raison.

Tout n'est que sensations, le temps n'existe pas.

Le son d'une musique, tout n'est que vibration
Et simple évolution.

Seul ce qu'on en fera
Donnera à demain un peu moins d'illusions.

Mais qui sait qu'il n'y a rien, rien de plus accessible,
Non, rien de plus facile, car la Réalité,
Celle qui reste nôtre, est toujours disponible,


N'importe où que l'on soit ...

        ... et partout à la fois.

# EN TOUTE MODESTIE

Je voudrais dédier, en toute modestie,
Ces quelques mots épars, quelques vers maladroits
Au hasard de la plume, à tous ceux, dans leur vie,
Qui répondent encore à un appel sans voix.


C'est en un bref portrait, quelque peu dirigé,
Et si ce n'est pas vous ,ne vous offusquez pas,
Que je vais souligner un peu leurs qualités,
Et si ce n'est pas vous, eh bien, prouvez-le moi !


Cela vous saute aux yeux, elles sont passionnées,
Des personnes guidées par leurs seules émotions,
Et d'une compagnie agréable à souhait
Qui fait naître du jour l'amour et l'ambition.


Quand l'une d'elles, un jour, s'en vient guider vos pas
Le fil des jours se tresse en ruban d'amadou,
Mais si ce n'est pas vous, ne vous offusquez pas,

Il y a quelques défauts, ...

..., peut-être pas chez vous !

# AMOUR

Amour tu ne sais pas
Combien tu fais partie
De moi, de mes entrailles.


Amour, tu es ma loi !


Cet équilibre à deux,
A deux tout en un seul,
Ces deux corps et deux cœurs
S'émeuvent de concert ;

Seul appel, d'un seul cœur,

Quoi qu'il soit, au Bonheur.

# À TOI QUI N'EST PAS LÁ

À Toi qui n'es pas là, en ce moment précis,
J'aimerais tant parler, ..., et je reprends ma plume.
Quelque soit ce qui suit, que je ne peux prévoir,
Va venir ce qui gît au plus profond de moi.


Je connais la souffrance, comme l'incertitude,
Oui, je connais les songes et les moments précieux,
Mais je ne peux stopper la pensée au travail,
Devinant ce qui est, je reste désarmé.


Oui, j'ai rêvé longtemps avant de m'endormir,
Au retour du soleil mes mains sont inutiles.
J'aimerais tant t'aider, si je te rencontrais,
Etant à tes côtés, ... mais ne peux que t'écrire.


C'est la tension qui monte et les yeux qui se ferment,
Le foyer du désir sous l'orage des songes.

C'est l'envie d'exploser et d'aller se coucher,
Désirer t'épauler mais ne pouvoir le faire,

La haine des non-sens qui martyrisent l'Etre,

L'anxiété de l'espoir et des ambiguïtés,

Le besoin de respect pour qui l'on ne sait pas.


C'est de l'amour sans nom sur une envie de Toi.

# ME PARDONNERAIS-TU ?

Avant toute autre chose, me pardonnerais-tu ?
Comme tout être humain, quelques fois dépassé,
Je ne peux refréner, dans les gestes ou les mots,
Les limites fixées des sentiments profonds.


Là je dois l'avouer, et si c'est par la plume
Ce n'est pas lâcheté mais juste un peu de crainte
Où ce que seul l'écrit, sans émotion fictive,
Peut dire pleinement dans sa réalité.


Par delà l'amitié, aussi grande soit-elle,
Pourrait venir un jour ce qui n'a pas de nom,
Dont la ramure atteint le premier sentiment,
Et qui se voit grandir, jusqu'à le dépasser.


Quand souligner les mots, comme une tache d'encre,
Semble n'avoir de sens, je ne le ferai pas.
S'il est vrai qu'au compteur s'inscrivent les années,
Je ne suis bien différent de ces bêtes de race.

J'ai peur d'avoir compris de ne pas mériter
De t'avoir rencontrée pour vivre cet éden.
Ce qui n'a pas de mots restera comme tel,
Dénommé l'Amitié dans un simple vocable.


Cette déclaration, peut-être pensez vous,
N'est que texte incertain d'un jeune prétentieux.
L'expérience vécue se moque des années,
Tout comme le bonheur pour le calendrier.


Découvrirais-je en toi ce qui n'existait pas ?
Si je te rencontrais, Dieu que je t'aimerais,
Même si le destin ne m'a pas tout donné.


Au delà du "Parfait", si tu entends mes mots

Peut être riras tu, ...,

                    ... alors, tant pis pour moi.

# AU CAFÉ DE LA GARE

Je suis là et j'attends,

Près de l'embarcadère
D'où viennent les pirogues
En ce canal des larmes
Versées sur ton absence.

Je suis là et j'attends.

Ce matin à Lyon,
Ce soir à Besançon,
Et plus tard, Dieu sait où ...

Quand si mal où j'étais,
Ce soir peut être mieux,

J'attends, qui sait, ..., demain ?,

Et peut être, avec toi,
Deviendrais-je enfin moi.

# IL NE MANQUE QUE TOI

Tout est calme et tranquille, la lumière filtrée.

Quelques objets au mur ont fixé là le temps,
La précipitation, l'angoisse du présent,
Toutes ces tensions qui déforment nos pensées.

Qu'est ce qu'on est bien ici ! Il ne manque que toi.

Le rideau vient couvrir cette grande fenêtre
Et le monde au dehors me reste indiffèrent.

Il n'y a plus de bruit, juste un blues qui répète
Que les murs se languissent, que la maison t'attend.

Cet oasis, de paix, est un enfer sans toi.

Je te parle des fois, et même assez souvent.

Certains pourraient me voir un peu simple d'esprit
Quand nul ne peut savoir ce que veut dire "absente",
Et qu'ils ignorent tout de ce qui nous unit.


Je me sens tellement ... seul quand tu n'es pas là.

## QUELQUES MINUTES

C'est un mélange étrange, de larmes et de bonheur,
La tension de l'orage, et les fleurs printanières.

C'est la mer déchaînée sur le calme du cœur,
Cet instant qui détruit les dernières barrières.

Je n'ai pu te rêver, ni même t'espérer,
Et je m'étonne encor' qu'on se soit rencontrés.

Je ressens comme toi ce regard indicible
Et il n'y a pas de mot tant l'instant est sensible.

Je ne vois aujourd'hui plus rien qui nous sépare.

La porte est grande ouverte et le chemin ressemble
Aux mousses du sentier. Nous le prendrons ensemble,
Si tu veux bien entrer, libres du cauchemar.

J'ai les yeux qui se mouillent et le cœur comme un fou.

Quelques mots prononcés, le bonheur m'envahit,
Ma poitrine se serre et ma gorge se noue,
Tout se fond dans nos bras, ...

                           ..., "Aimer" semble petit.

## LA MAISON DU MYSTÈRE

Mais où est donc passée
La maison du mystère ?

Celle où l'amour flirtait
Sur les mousses et bruyères ?

Où s'en iront nicher
Mes sentiments si tendres,
Si forts et si secrets,
Que le soir vient surprendre ?

Quoi des douceurs feutrées
De ce feu, irréel,
Quoi du Tout partagé
Hors d'un monde éternel ?

Ces mots, si simples et flous,
Inutiles, désuets,
Ne créeront nul remous,
Avant d'être s'oubliés.

# LES VAUTOURS

Attendant de revoir le concert du soleil,
Le corps perdu frissonne ; ne sont qu'intempéries,
Les averses des songes. La souffrance émerveille
Le pourquoi de l'absence, et l'ironie se rit.


Tout d'un coup la chaleur irradie l'alentour,
Un éclat merveilleux rayonne sur l'entrée.

Quand disparaît le mal revient l'astre du jour,
Et du pôle au tropique on se sent transporté.


La salive devient comme un vin de bohème ;

La torture des nerfs se fait peau de velours ;

On voit l'aube pâlir en éclairant la plaine ;

Et si c'était un jeu, ...

                    ..., nous serions des vautours.

# LES DERNIÈRES EFFLUVES

Les dernières effluves
De nos corps enlacés,
Notre dernier combat,
Ne peuvent me quitter.

L'odeur de tes cheveux,
Le souffle de ta peau,
Les élans de ton cœur
Et tes derniers sanglots.

Chaque nuit je t'espère
Dans le lit de mes bras,
Mes paupières t'appellent,
Tu n'es toujours pas là.

Les rayons de Vénus
Sur des journées sans toi
Sont un parfum ému,
Qui rappelle tes pas.

Souffle tiède, pensées,
Attentions que tu as eues,
Habillent mes journées
D'un écrin de lotus.

# CE JOUR BÉNI

Ma chérie je bénis
Ce jour de joie, de fête
Où l'on s'est rencontré.

Oh ! que oui, je bénis
Ce qui des amourettes
Finit en apogée.

Là, d'un semblant de ru,
Gonflé de ses atours,
Grossit, on ne l'eut cru,
Le grand flot de l'amour.

Un oiseau dans le ciel
Est venu picorer
Un morceau d'arc-en-ciel
Lorsque l'on s'est trouvés.

Les nuages du temps,
Dans un ciel bien trop gris,
Deviendront rougeoyants
Pour peu que tu souries.

## MOMENT D'AMOUR

Un doux petit repas tendrement cuisiné,
Une étreinte des bras sur de folles pensés,


Mais jusqu'où t'aimerais-je, si je te rencontrais ?


Qui jusqu'au bout de moi, qui jusqu'au bout de toi,
Jusqu'au bout du bonheur, au bout de nos atouts,
Au bout de nos malheurs comme au bout des pourquoi ?

# LE BONHEUR N'EST PAS LOIN

Le bonheur n'est pas loin, partir c'est l'approcher,
Quand les mots qui font mal, le voile sur l'écran,
Sont des leçons de plus et un pas en avant.


Rendez-vous à peut être, et bonjour pour demain !


Sur les brouillards du rêve, qui partit cette nuit,
Le combat continue, mais tout seul à présent.
Quand on pousse la porte, l'épais rideau, sans bruit,
Sur nos espoirs déçus retombe lourdement.


La souffrance lascive est un mal pénétrant.

On ne s'y habitue, mais on vit avec elle,
Chaque jour de l'année, chaque jour que Dieu fait.

Elle est monnaie courante, la manne quotidienne.

Les moments les plus durs sont souvent les plus riches,
Et l'on reprend sa place, de force ou de plein gré.


Les sentiments si forts d'inachevé s'enfuient
Quand nos débordements se trouvent mesurés.

## PASCAL, MON LOUPIOT

Entends-tu quelquefois
Le hibou, mon ami,
Hululer dans les bois,
Lui, le cœur de la nuit ?

La blanche tourterelle
Prend son vol au matin
Sur les neiges éternelles
De nos tristes destins.

Le crépuscule vient
Pouvoir rappeler l'aube,
Lorsque le ciel s'éteint,
Quand le jour se dérobe.

Ne t'en fais pas, mon Fils,
Près du gris le soleil,
Quand aujourd'hui je tisse
Tous tes prochains réveils.

## SI TU SAVAIS COMBIEN DE FOIS

Si tu savais combien de fois
Je sens ma gorge se serrer,
Et mes entrailles se nouer
Sans qu'on le sache autour de moi.

C'est comme un petit caillou blanc,
Entre la chair et le tissu,
Quand chaque pas use un peu plus
La chair vive couleur de sang.

Quand tu es bien trop loin,
Trop loin sur le chemin,
Et que tu vois monter
Le désert du passé …

Si tu savais combien de fois
J'aurais voulu renaître un peu,
Plonger et me brûler au feu
De la Vie pour m'en souvenir,

Commencer pour pouvoir finir.

Si tu savais combien de fois, ...

…, Si tu savais ...

# QUELQUE CHOSE EST CASSÉ

Les mots simples ont tardé, des jours et des semaines.
Toujours plus revenait le doute m'envahir,
Lorsqu'il aurait suffi de quelques phrases pleines.

Dans ce vide des mots, l'histoire a dû finir.

Quand cet amour si fort, cet amour aérien
Que je ressens pour toi ne peut plus s'exprimer ;
Quand la brume légère a fait place au besoin,

Le support de nos corps n'est plus qu'un bel objet.

Quelque chose est cassé au plus profond de moi.

Quand vivre un amour pur n'est plus qu'un idéal,
Les valeurs ont changé. Quand je suis contre toi
Je ne sens plus vibrer ce bonheur sans égal.

Peut-être que le temps, si tu l'aides à jouer,
Recollera mon cœur, mais je ne sais comment.

Oh ! Combien j'aimerais toujours te caresser

Comme une pluie d'étoiles, ...

      ..., et te voir comme avant !

## SUR LA SÉPARATION

S'il ne revenait pas, cet astre comme un dieu
Qui éclaire nos pas et qui donne la vie ?

S'il devait se poser, comme n'ayant le choix,
La question meurtrière et quant à ses devoirs ?

S'il ne devait briller que pour nous réchauffer,
Juste pour accoucher et pour donner la vie,

Juste pour éclairer dans cet anonymat
Sans considération, ni amour, ni regard ?

Si n'était d'intérêt plus que pour sa compagne,
La féerique lune, maîtresse pour moitié
Des bienfaits de la terre, indispensable alliée,
Épouse du soleil et gardienne du jour ?

Puis s'il devait combattre et s'entre-déchirer
Pour rester le soleil, père de nos journées ?

S'il fallait décider celui qui resterait
D'entre nos deux parents pour nous accompagner ?


Nous aurions la lueur, sans la moindre chaleur,

Serait aussi la vie, mais bancale à moitié,

Peut être de l'argent, toujours pas de présence,

Et toujours, oui toujours, ce grand manque d'amour.

# LE NAUFRAGE

Quand les eaux entrent à flots
Dans les cales bancales
D'un roulis de bateau,
Fou, sur la mer banale ;


Quand le vent souffle sur
Le bleu clair de l'azur,
Le chassant à jamais
Vers la fin de l'été ;


Lorsque le cyanure
Ressemble à du sirop,
Quand on voit au couteau
Un repos de nature ;


La fin se fait début,
La mort devient la paix,
On finit le rébus
Et cesse d'espérer.

# ET C'EST TOUJOURS PAREIL

Je voulais ce matin mordre plus fort encore
Le jour qui se levait, et j'espérais qu'enfin
Je lui arracherais ce vieux rêve incertain
De bonheur et de joie, ..., comme une île au trésor,
Sur la mer qui sommeille,

Mais c'est toujours pareil.

Elle tournait hier, et tournera encore
Quand nous serons partis. Notre Terre se fout
Bien de notre malheur. Qu'ils soient de cendre ou d'or
Nos amours finiront comme tombe le jour.

Alors je me souviens quand on s'est rencontré.
Tout était merveilleux, le temps n'existait plus,
Elle était tout pour moi, et je l'ai embrassée,

Puis quand elle est partie je me sentais perdu
Comme un blues qui se raye,

Tout est toujours pareil.

Au bord de cette plage où l'on s'est promenés,
Les vagues sans relâche effacent chaque soir
Du sable les châteaux bâtis dans la journée,
Et j'en rêve toujours. Je voudrais te revoir,

Ne plus dire au réveil

Que c'est toujours pareil ...

# DEMAIN ?

Demain, ..., qui sait, ..., peut être, ..., oserai-je espérer, ...
Que le ciel s'ouvrira, ..., que les gens cesseront
De se faire la guerre, ..., de taire et de blâmer,

...

Qu'au lieu de soupçonner nous nous entraiderons ?

Je l'ai vu dans tes yeux !

La vie ne donne espoir
Qu'à ce vin de bohème, ...
                    ... Que le temps a flétri,

Qu'aux volutes fumées qui tendent vers le noir
Ce que fut le destin de ce trop vieux fusil.

Je suis seul, moi aussi, dans ce monde qui tue
Peu à peu tout ce qui nous faisait dire Humains !

Dans cette école qui, en valeur absolue,
Se voudrait la meilleure, me tendras-tu la main ?

Te reste-t-il assez de ce qui fait la Vie,
De ce qui fait l'Amour, et qui nous fait pleurer,
Pour te plonger un peu dans ces regards qui crient,
Dans les regards de ceux qui disent avoir gagné ?


Te reste-t-il assez de patience, de tendresse,
Pour supporter un seul de ces gens bien trop las ?

Avec Toi je veux bien essayer, sans promesse !

Et si tu es une femme, ...

      ..., je ne m'en plaindrai pas.

PEU IMPORTENT LES MOTS

TANT EN COMPTE L'ESPRIT

\*\*\*\*\*\*\*\*

Tous droits réservés pour tous pays.

SACEM N°1487267

Éditeur : BoD-Books on Demand, 12/14 rond point des Champs Élysées, 75008 Paris, France
Impression : BoD-Books on Demand, Norderstedt, Allemagne
ISBN : 9782322104017
Dépôt légal : Février 2018